BEI GRIN MACHT SICH IHR WISSEN BEZAHLT

AF148382

- Wir veröffentlichen Ihre Hausarbeit,
  Bachelor- und Masterarbeit

- Ihr eigenes eBook und Buch -
  weltweit in allen wichtigen Shops

- Verdienen Sie an jedem Verkauf

Jetzt bei www.GRIN.com hochladen
und kostenlos publizieren

Hans-Jürgen Borchardt

Das Marketing-ABC für Existenzgründer

GRIN Verlag

Bibliografische Information der Deutschen Nationalbibliothek:

Die Deutsche Bibliothek verzeichnet diese Publikation in der Deutschen National-
bibliografie; detaillierte bibliografische Daten sind im Internet über http://dnb.d-
nb.de/ abrufbar.

Impressum:

Copyright © 2010 GRIN Verlag GmbH
Druck und Bindung: Books on Demand GmbH, Norderstedt Germany
ISBN: 978-3-640-76070-1

Dieses Buch bei GRIN:

http://www.grin.com/de/e-book/162079/das-marketing-abc-fuer-existenzgruender

GRIN - Your knowledge has value

Der GRIN Verlag publiziert seit 1998 wissenschaftliche Arbeiten von Studenten, Hochschullehrern und anderen Akademikern als eBook und gedrucktes Buch. Die Verlagswebsite www.grin.com ist die ideale Plattform zur Veröffentlichung von Hausarbeiten, Abschlussarbeiten, wissenschaftlichen Aufsätzen, Dissertationen und Fachbüchern.

Besuchen Sie uns im Internet:

http://www.grin.com/

http://www.facebook.com/grincom

http://www.twitter.com/grin_com

Das Marketing A-B-C für Existenzgründer

Zum Thema
Existenzgründungen können zu traumhaften Ergebnissen führen oder mit einem Schuldenberg enden. Jeder kennt das Risiko, aber die meisten Existenzgründer glauben, dass ihre Idee so gut ist, dass der Erfolg ihnen sicher ist. Weil die Fehler, die von vielen Existenzgründern begangen werden, oft im Bereich des Marketings liegen, konzentriert sich dieser Beitrag ausschließlich auf dieses Teilgebiet.

Die Ausgangssituation
Der Ausgangspunkt ist immer identisch. Sie oder er hat eine Idee und glaubt, diese mit einer eigenen Firma erfolgreich umsetzen zu können. Ist diese Situation einmal eingetreten, läuft das weitere Prozedere fast immer in identischen Mustern ab.

Die Idee hat sich fest gesetzt. Jetzt wird das Für und Wider überlegt. Diese Überlegungen enden meisten damit, dass die Bedingungen und Verhältnisse durch die rosarote Brille gesehen werden. Die Fakten werden positiv interpretiert, ohne sie akribisch in allen Details zu hinterfragen und zu prüfen. Da auch ein „Worst Case" (der ungünstigste Fall, der eintreten könnte) nicht mit möglichen Lösungen „durchgespielt" wird, wird das Vorhaben positiv eingeschätzt. Aufgrund dieser mangelnden Sorgfalt enden –lt. Statistik- rund 60% aller Existenzgründungen über kurz oder lang in einer Insolvenz.

Da viele Existenzgründer ihre Idee erst offen legen, wenn sie mehr oder weniger schon für sich eine Entscheidung getroffen haben, sind sie für kritische Beiträge nicht mehr sehr empfänglich. Hinzu kommt, dass sie ihre Idee überwiegend im Familien- und Bekanntenkreis diskutieren. Das ist aber unzureichend, weil diese im Normalfall keine Fachleute sind und sich in der Gegenargumentation zurückhalten, um den Existenzgründer nicht zu demotivieren.

Besser ist es, wenn die Idee sofort mit möglichst vielen kompetenten Personen, einschl. der Existenzgründungsberater in den IHK´s und Handwerkskammern, diskutiert wird. So kann sich das eigene (Vor-)Urteil nicht verfestigen. So lange wie über das Thema noch diskutiert werden kann, ohne dass bereits feste Vorstellungen bestehen, können die Chancen und Schwierigkeiten unvoreingenommen abgewogen werden.

Außerdem sollte bedacht werden, dass man als Existenzgründer nie genug kostenloses Know-how bekommen kann. Experten empfehlen sogar, dass wenigstens ein Existenzgründungsseminar besucht werden sollte, um die gesamte Problematik kennen zu lernen.

Von vielen Existenzgründern/innen wird vergessen, dass der Wurm dem Fisch und nicht dem Angler schmecken soll. Sie unterstellen, dass ihre Idee, ihr Angebot begeistert aufgenommen wird. Wer aber seine (zukünftigen) Kunden nicht vorher einbezieht, hat –wie zahlreiche Untersuchungen beweisen- zu über 60% keine Chance, erfolgreich zu bestehen. Daher ist es unumgänglich, dass die zukünftigen Kunden zur der Idee, zu dem Angebot befragt werden. Dazu gehört auch, dass gefragt wird, ob sie bereit sind, den Anbieter zu wechseln, wenn sie das neue Produkt bzw. die neue Dienstleistung zum Preis von … EURO erwerben könnten.

Eine Möglichkeit, den eigenen Geschäftsansatz zu optimieren ist, die möglichen Interessenten bzw. Kunden zu fragen: „Was muss das Angebot enthalten, damit sie den Anbieter wechseln?

Neben der konkreten Bedarfsermittlung müssen Fragen nach möglichen Ergänzungen wie Service, Garantie, Beratung, Schnelligkeit, Einsatzbereitschaft, etc. gestellt werden, denn die Anwender haben immer konkrete Vorstellungen, was ein optimales Angebot alles enthalten muss.

Der Hinweis vieler Existenzgründer, dass man ja seine Idee nicht verraten könne, trifft fast immer ins Leere, denn dann wird unterstellt, dass alle zu Befragenden sich mit dem gleichen Angebot selbständig machen wollen.

Die wichtigsten Fragen zum Marketing
Wer eine eigene Firma gründen will, muss sein Marketing sorgfältig im Voraus planen und sich mit den möglichen Szenarien auseinander setzen. Wer glaubt, das habe er nicht nötig, bekommt für seine (Geschäfts-)Idee kein Geld oder kann sich gegenüber den Wettbewerbern nicht durchsetzen. Deshalb müssen vor der endgültigen Entscheidung folgende Fragen geklärt werden:

1. **Ist das Angebot so attraktiv, dass Kunden wechseln werden?**
   Bevor überlegt und gerechnet wird, muss sichergestellt sein, dass das eigene Angebot vom Markt gewünscht oder mindestens gebraucht wird. Dieses Wissen gewinnt man aber nur durch Befragung. Wer nicht fragt, ist wie ein Blinder, der seinen Weg sucht. Wer fragt, erfährt schnell und direkt, ob das neue Angebot attraktiv ist und ob es Nachfrage auslösen wird.

2. **Kann der Vorteil, der Interessenten und Kunden überzeugen soll, in einem (kurzen) Satz formuliert werden?**
   Neun von 10 Existenzgründern sind nicht in der Lage, den Vorteil, mit dem sie erfolgreich Kunden gewinnen wollen, in einem (kurzen) Satz zu formulieren. Wer das nicht kann, wird immer Schwierigkeiten haben, seine (Werbe-)Botschaft verständlich und überzeugend zu formulieren. Wenn er dazu nicht in der Lage ist, kann er sich nicht eindeutig differenzieren und ist nur einer von vielen.

3. **Sind der Markt und die zukünftigen Wettbewerber *genau* bekannt?**
   Diese Kenntnis ist die Voraussetzung dafür, dass die Unterschiede zum eigenen Angebot klar und überzeugend entwickelt und dargestellt werden können. Wer seine Wettbewerber nicht bis in das Detail kennt, kann seine eigene Wettbewerbsfähigkeit nicht konkret einschätzen.

4. **Was muss getan werden, wenn das eigene Angebot vom Wettbewerb kopiert oder sogar verbessert wird?**
   Die Reaktion der Wettbewerber wird selten eingeplant und trifft daher viele Jungunternehmer/innen völlig überraschend. Wer die Gegenwehr des Wettbewerbs nicht in seine Planungen einbezieht wird überrascht und muss mühsam neue Lösungen bzw. Angebote

entwickeln. Deshalb ist es ein **Muss**, die möglichen Reaktionen zu durchdenken, damit sofort mit geeigneten Gegenmaßnahmen reagiert werden kann.

5. Wird das Marktpotential richtig eingeschätzt?

Viele Existenzgründer unterstellen, dass der Markt bzw. das Marktpotenzial für ihr neues Angebot ausreichend groß ist. Es wird mit Hypothesen und Annahmen gearbeitet, die nicht der Realität entsprechen. Wenn festgestellt wird, dass X EURO Umsatz benötigt werden, um das Existenzminimum zu sichern, ist das nicht ausreichend. Besser ist es, folgende Fragen zu stellen:

- Wie hoch wird der Durchschnittsumsatz pro Kunde sein?
- Wie viele Kunden müssen pro Monat/pro Woche/pro Tag bestellen bzw. kaufen?
- Wie viele Interessenten müssen pro Monat/pro Woche/pro Tag gewonnen werden, damit die gewünschte Kundenzahl erreicht wird? (Nicht jeder Interessent kauft oder bestellt!)
- Gibt es in dem vorgesehenen Einzugsgebiet ausreichend Kunden, die ihren Anbieter wechseln werden?

Diese Frage ist von besonderer Wichtigkeit. Da heute das Angebot größer ist als die Nachfrage, wird mit jedem neuen Markteintritt ein neuer zusätzlicher Verdrängungswettbewerb ausgelöst. Und, wie bereits erwähnt, wenn horizontale und/oder vertikale Wettbewerber Kunden verlieren, werden sie nicht tatenlos zusehen.

6. Sind die finanziellen Mittel für die Werbung ausreichend?

Neue Unternehmen die in den Markt eintreten, sind nicht bekannt. Und wer nicht bekannt ist, kann auch nicht als Anbieter berücksichtigt werden. Das bedeutet, dass in der Anfangsphase überdurchschnittlich Geld viel für Werbung und PR eingesetzt werden muss. Daher muss vorher exakt errechnet werden, was die zukünftigen Werbemaßnahmen kosten.

7. Sind ausreichend kreative Ideen vorhanden?

Weil die finanziellen Mittel knapp sind, man aber bekannt werden will, ist Kreativität gefragt. Jeder Existenzgründer, der etwas Neues zu bieten hat, **muss** überlegen, wie er sein neues Angebot so darstellt, dass die Presse über ihn berichtet, damit er „kostenlose Werbung" erhält. Das bedeutet, dass bei allen Planungen die drei **AAA** (**A**nders **A**ls **A**ndere) beachtet werden müssen.

8. Korrespondieren Angebot und Standort?

Je „normaler" das Angebot ist, desto zentraler muss der Standort sein. Kein Kunde opfert für einen geringen Vorteil zusätzliche Zeit für eine längere Anfahrt. Um diese Frage zu klären, muss auch gefragt werden: „Wie weit würden sie fahren, um dieses Angebot zu nutzen?" Diese Frage ist deshalb wichtig, weil Unternehmensgründer sich selten oder nie in den Zentren ansiedeln und die Kunden deshalb längere Wege zurücklegen müssen.

Wenn das neue Angebot den Besuch beim Kunden einschließt, entfällt diese Frage natürlich.

Natürlich sind alle Nicht-Marketing Fragen auch wichtig, aber wenn diese Fragen nicht positiv beantwortet werden können, ist die Gefahr eines Flops nahe bei 100%.

Zur Ergänzung zwei Praxistips

1. Im Gegensatz zu Freiberuflern oder einigen Handwerksberufen, benötigen die meisten Existenzgründer im Normalfall viel Geld für den Aufbau und die Einrichtung ihres Unternehmens. Da dieses Geld oft nicht vorhanden ist, sollte überlegt werden, ob es sinnvoll ist, in einen nicht ausgelasteten Betrieb als Mitbenutzer/"Untermieter" einzusteigen. Das ist zwar ungewöhnlich, wird aber schon praktiziert. Einige Handwerkskammern haben für eine derartige Zusammenarbeit bereits vorgefertigte Verträge.

2. Das Hauptproblem ist immer wieder die unzureichende finanzielle Ausstattung der Firmengründer. Die Banken sind daher im Normalfall sehr zurückhaltend, weil die Planzahlen meisten auf Wunschdenken basieren und nicht abgesichert sind. Die Verhandlungen mit der Bank gestalten sich wesentlich leichter, wenn ein Partner/Abnehmer gefunden wird, der konkret erklärt: „Meine Firma wird in den kommenden 12 Monaten wahrscheinlich Aufträge in Höhe von … erteilen." Oder:"Wenn Herr … seine Firma gründet, wollen wir ihm die Aufträge für unsere Innenausbauten erteilen."

Eine derartige „Vor Akquisition" hat für den Existenzgründer mehrere Vorteile:

- Es zeigt den Unterschied zwischen Absichtserklärungen, die zu nichts verpflichten, und dem realen Verkauf, (der mehr oder weniger) bindend ist.
- In den konkreten Verkaufsverhandlungen erkennt der Existenzgründer mögliche Defizite in seinem Angebot, weil dann sein gesamtes Leistungsspektrum auf dem Prüfstand steht.
- Außerdem kann er in den Verhandlungen erkennen, was für die zukünftigen Kunden besonders wichtig ist und sein Angebot entsprechend ergänzen.

Hans-Jürgen Borchardt
April 2010

4